A U X

ASSEMBLÉES ÉLECTORALES

ET

AUX ARMÉES.

Citoyens et Frères d'Armes !

Deux conspirations, celles du royalisme et de l'anarchie, sont dévoilées; une troisième, plus dangereuse, couve encore, et est près d'éclater; mais le crime a eu d'imprudens complices, et ses secrets sont découverts.

Des hommes avides de pouvoir, ceux-là même qui, en brumaire, de l'an 4, vouloient *ajourner* la constitution, veulent aujourd'hui rendre inutiles les choix du peuple, empêcher la réunion du nouveau tiers au corps législatif, écarter les nouveaux fonctionnaires, égarer les *Armées, jusqu'à leur faire demander*, contre le vœu formel de la constitution, *que le tiers*

A

conventionnel renvoyé par le sort, soit conservé.

On supposera qu'il n'y aura que des royalistes d'élus ; on dira aux amis de la République : *La Constitution ne va plus avoir de défenseurs. — On va relever le trône.*

Cette absurde calomnie, on doit la colorer de tous les prétextes, l'étayer de toutes les suppositions, la propager par toutes les manœuvres que l'intrigue peut employer ; on doit, braves et républicaines armées, vous appeler au secours de la liberté, et vous exhorter à venir soutenir votre ouvrage.

C'est ainsi qu'une poignée d'ambitieux vous fait l'outrage de compter aujourd'hui sur vous pour asservir la patrie, en supposant qu'elle est en danger. Conquérans de l'Italie ! vainqueurs de Fleurus, d'Altenkirchen, de Biberach ! vous courez à de nouveaux lauriers ? Arrêtez-vous ; il s'agit de donner le pouvoir à quelques charlatans politiques, à quelques vils discoureurs ; il s'agit d'assurer leur domination. Héros de la liberté ! ce sont des *Rois* qu'on vous demande, et l'on croit que vous les couronnerez, parce qu'ils se disent *républicains.*

Le complot est insensé, mais il est certain ; et voici quelle en a été la progression.

Tandis qu'étrangères aux factions, nos bra-

ves armées versoient au dehors leur sang pour
la cause de la liberté, des scélérats l'avoient
déshonorée dans l'intérieur par le brigandage et
l'assassinat. La Convention, après avoir ren-
versé leur tyrannie, a proposé au peuple la
constitution de l'an 3; il l'a acceptée; il a en-
voyé au Corps Législatif et placé dans les Administrations des hommes qui ont été fidèles à
cette constitution, qui l'ont défendue et fait
exécuter, parce qu'ils aimoient la liberté.

Les factieux ont tremblé; ils ont d'abord
égaré le Directoire au point de lui persuader
qu'il devoit se réunir aux anarchistes pour gou-
verner; il l'a cru, il a failli être leur victime.
Incertain alors dans sa marche, il s'est défié de
ses forces; il a fait quelques destitutions, mais
en même temps il a conservé en place un grand
nombre d'hommes dépravés ou violens.

Cependant la sagesse des législateurs, l'acti-
vité, les talens de quelques administrations,
réparoient ou prévenoient le mal; l'anarchie et
le royalisme étoient tour à tour déjoués.

Les factieux désolés ont renoué leurs intrigues; ils se sont d'abord attachés à persuader
aux hommes foibles des deux conseils, que les
crimes de la révolution leur étoient imputés.
Ils n'ont cessé de leur dire que la proscription

seroit générale. Leur phrase habituelle et tri-viale pendant plusieurs mois, a été celle-ci : *Je serai pendu et tu le seras.* Ainsi, quoiqu'ils fussent certains que le peuple étoit las de chan-gemens, qu'il ne vouloit point de vengeances, et qu'eux-mêmes n'avoient rien a redouter, ils s'étudioient à semer la méfiance et la crainte.

Ils n'ont obtenu que trop de succès, et les fautes qui ont échappé au corps législatif n'ont pas eu d'autre cause.

Mais il leur restoit à s'emparer du directoire; ils avoient auprès de lui les mêmes prétextes; ils employèrent les mêmes moyens; et suivant constamment, à son égard, ce *systême d'alarmes* qui étoit la base de leur conduite, ils sont par-venus graduellement à le dominer.

En effet, voyant que le directoire, désabusé sur le compte des anarchistes, reprenoit fran-chement la ligne constitutionnelle, ils s'attachè-rent d'abord à lui inspirer des défiances; ils lui parlèrent sans cesse de fanatisme, de royalis-me, d'apparition d'émigrés; ils le rendirent ombrageux; bientôt ils l'ont amené à des imprudences et à des actes que la malignité a aisément qualifié d'arbitraires; et c'est alors qu'on a remarqué dans la marche du directoire, au dehors comme au dedans, cette sorte d'impétuosité et de roideur qui ressembloit à l'orgueil et au despotisme, et qui n'étoit, au fonds, que le produit de vaines alarmes. Arrivés à ce point, les perfides ont abusé des tentatives de quelques royalistes imbécilles et isolés pour supposer une vaste conspiration dont ils ont prétendu apercevoir les ramifications dans la majorité des fonctionnaires publics ; ils ont persuadé au directoire, que, si on les envoyoit aux tribunaux, ils seroient absous ; ils lui ont fait, en conséquence, commettre l'imprudence de les arracher à leurs juges naturels : les amis des principes ont vivement réclamé ; nouvelle preuve, suivant ces imposteurs, qu'on protégeoit les coupables ; alors deux messages se sont succédés, messages tellement inconséquens, qu'ils sont évidemment étrangers au directoire, et qu'on y reconnoît par-tout la main perfide qui les a tracés ; l'un relatif au serment qu'on vouloit exiger des assemblées électorales ; l'autre, concernant le procès des conspirateurs royalistes. Des orateurs, dans les deux conseils, ont parlé avec énergie contre ces messages ; nouveau grief, nouveau moyen de terreur ; *ils en veulent*, a-t-on dit, *ils en veulent au Directoire, ils veulent le faire décréter d'accusation* ; cette idée, adroitement semée, a germé peu à peu, les têtes se sont échauffées. Quélques membres du directoire ont cru en effet qu'on alloit lés accuser ; on s'est hâté, on a assuré qu'*il existoit des comités où l'acte d'accusa-tiou se rédige* ; on en étoit sûr ; on indiquoit les auteurs. On désignoit, en même-temps, cent-quatre-vingt membres des deux conseils, comme correspondant, *par des commissaires*, avec les accusés du Temple: *le danger est imminent*, a-t-on dit, *le Directoire est perdu.*

On fait plus, aujourd'hui, on joint aux dangers présens, la crainte de l'avenir. Les assemblées électorales vont s'ouvrir ; c'est le royalisme, s'écrie-t-on, qui va les nommer ; le second tiers va se joindre à celui de l'an IV, et avec ce nouvel auxiliaire, l'acte d'accusation, si on le diffère jusques-là, devient infaillible.

Quel parti prendre ? le Directoire frémit. Quoi ! attaquer le corps législatif lui même ! violer les décrets des 5 et 13 fructidor ! repousser les élus du peuple ! renverser la constitution ! Il le faut, s'écrient lés pervers, ou la république elle-même est perdue, et profanant de nouveau la belle allégorie d'un grand homme, il *faut voiler* quelquefois, disent-ils, *la statue de la liberté.*

C'est ainsi que, mêlant adroitement l'intérêt

de la république à l'intérêt des individus, ils en sont venus à ébranler quelques membres du Directoire.

Voilà le terme où ils en sont.

Le Directoire est à plaindre, citoyens; car, voyez par quelle chaîne de perfidies on l'a conduit au bord de l'abyme.

Sans doute, il s'arrêtera; il en verra la profondeur; mais il faut le servir lui-même, en révélant à la France les manœuvres qui l'ont égaré.

Voici donc, citoyens, le plan auxquels les factieux se sont arrêtés. On supposera que les assemblées électorales n'envoyent au corps législatif, ne placent dans les administrations et les tribunaux, que des royalistes : que le moment est venu où les republicains doivent se réunir; que les armées doivent se prononcer ; que *la patrie est en danger;* que le corps législatif actuel doit se déclarer *en permanence,* et que *les fondateurs de la république peuvent seuls la sauver.*

Ainsi, ces hommes veulent perpétuer leur pouvoir, au risque d'une guerre civile, et, désespérés de n'avoir pu saisir, depuis l'établissement de la constitution, aucune chance favorable à leur ambition , ils lèvent le masque, ils se hâtent.

Nouveau tiers ! nouveaux administrateurs ! ils vous redoutent. Ils ont raison., car ils ne veulent pas la constitution , eux, et vous la voudrez ; ils veulent dominer, et vous ne voudrez pas de dominateurs ; ils veulent substituer leur gouvernement au gouvernement républicain, et vous voudrez défendre la république.

Oui, vous le voudrez !

Eh ! qui d'entre nous , citoyens français, pourroit ne pas le vouloir ? qui ne le veut pas ? N'avons-nous pas assez chèrement payé la liberté ? Est-ce au moment où nous commençons d'en jouir , que nous voudrions y renoncer ? Vainqueurs des rois , nous combattrions pour nous donner un roi ? nous abaisserions sous le joug, ces têtes fières et couronnées par la victoire ? nous irions chercher dans les retraites où ils se cachent , des hommes qui ont inutilement armé l'Europe pour leur défense, et leur demander des chaînes ?

Et, quand nous serions assez inconséquens pour rappeler la famille déchue , serions-nous assez absurdes pour ne pas redouter sa vengeance. Ne savons-nous pas, ne voyons-nous pas , aux déclarations de ses agens , qu'il n'est de pardon pour personne.

Constitutionnels de 91 , législateurs de 92 ; conventionnels, législateurs actuels, adminis- trateurs , juges de toutes les époques, patriotes sages ou exagérés ; acquéreurs primitifs ou possesseurs actuels de biens nationaux ; vous tous enfin , qui, dans toutes les portions du peuple français, vous êtes fait remarquer par la haine du despotisme , et par un attachement plus ou moins prononcé , plus ou moins im- pétueux à la révolution , et qui y avez at- taché vos destinées , pourriez-vous , sans démence , rendre le pouvoir à ceux qui ne le recevroient que pour vous punir de le leur avoir arraché ?

Notre intérêt à tous est commun , nos dan- gers sont communs ; mais un motif plus noble nous lie au gouvernement républicain ; il existe entre tous les citoyens une communauté de gloire, de titres , de moyens à la considération et à la fortune. L'industrie peut , dans une république , tout ce qu'elle veut ; il n'est point de barrière pour le talent ; le courage est sûr de sa récompense ; on n'y connoît de supérieurs que le mérite et la vertu ; et si l'ambition usurpe leur place , elle a pour ennemi , le corps social tout entier.

Voilà, perfides calomniateurs, les cautions que nous offrons au gouvernement; et s'il en falloit une autre, voyez-la dans cette jeunesse républicaine qui est au milieu de nous; dans ces enfans que nous élevons pour la patrie, et qui ne connoissent plus le despotisme, que par les pages de l'histoire. Voyez-les, voyez cette contenance fière, ce regard assuré, cet enthousiasme, au récit des exploits de leurs aînés, cette impatience de les suivre dans la carrière. Pensez-vous qu'ils croissent pour l'esclavage?

A quoi donc se réduisent ces prétendus amis de la tyrannie? à quelques vieillards, qui ont plutôt de l'attachement à d'anciennes opinions, que de la haine pour les nouvelles; à quelques hommes sans énergie; à quelques femmes timides, qui regrettent de vieux titres; à un petit nombre de prêtres, attachés à leurs anciens principes, qu'il faut respecter, s'ils sont honnêtes, qu'il est aisé de comprimer s'ils en abusent; à quelques mécontens, qu'il est facile de gagner, si l'on est sage; enfin, à des malheureux qu'il faut se hâter de secourir, si l'on est juste.

Où est donc cette effrayante multitude d'ennemis de la liberté? où sont ces cohortes du royalisme, contre lesquelles ce n'est pas trop de nos armées pour les combattre?

L'absurdité de vos craintes, jongleurs ridicules, démontre la perversité de vos projets. C'est parce que vous voulez opprimer la liberté, que vous supposez tant d'amis au despotisme. Fidèles au plan d'imposture que vous suivez depuis le commencement de la révolution, prêtres éternels du mensonge, vous ne vous apercevez pas que vos moyens sont usés, que le temps est passé où le fanatisme révolutionnaire adoroit vos mystères et croyoit à vos fables. Vous nous traitez, vous traitez nos frères d'armes comme l'Apôtre de l'Islamisme traitoit les conquérans de l'Arabie. Vous osez compter sur leur crédulité ? Il faudroit au moins avoir ses talens et son courage ; mais cette manière d'imposer aux hommes, ne vous est pas donnée : on se rira de vos impostures ; on applaudira à la révélation de vos intrigues ; on déjouera vos projets. Vous vous croyez grands, parce que vous fûtes atroces ; habiles, parce que vous êtes faux : vous ne serez qu'impuissans et ridicules.

Assemblées électorales ! défenseurs de la liberté, vous avoir démasqué ces factieux, c'est avoir rendu leurs complots inutiles.

Vous, Électeurs, vous donnerez la déclaration qui vous est demandée. Vous prouvez votre attachement à la république, en acceptant votre mission ; vous ne ferez rien de plus en le déclarant. Choisissez des hommes amis de la constitution et de l'ordre, des hommes instruits, sages, ennemis des exagérations, et dédaignez les cris des factions.

Généraux ! Soldats ! volez à de nouvelles victoires, puisque les ennemis refusent la paix ; elle sera d'autant plus solide, que leur obstination l'aura rendue plus glorieuse pour vous.

Qu'ils n'arrivent point jusqu'à vous les cris de ces nouveaux détracteurs, qui osent croire que vous avez vaincu pour eux, qui se couvrent de votre nom, qui vous appellent pour soutenir leur secte et ses efforts impies contre la liberté, contre la volonté générale.

C'est pour vous rendre complices de leurs crimes ; c'est pour vous faire servir d'instrumens à leurs usurpations, qu'ils cherchent à aigrir vos cœurs généreux ; et si vous pouviez vous méprendre au point de les croire, pourriez-vous ignorer que c'est ainsi que la tyrannie, flattant d'abord les hommes dont les bras lui sont nécessaires, finit bientôt par les enchaîner eux-mêmes. Non, vous n'avez pas oublié que lorsque vous combattiez, il y a trois ans, sur nos frontières, d'autres tyrans enlevoient tour à tour au milieu de vous les braves républicains dont la gloire les importunoit, et les envoyoient à l'échafaud.

Gardez-vous d'en croire ces faux amis, qui s'empressent d'alarmer votre fierté ; ils vous trompent et déguisent mal leur misérable ambition.

Non, il n'est pas une ame française que vos exploits n'aient agrandi : pas une de vos belles actions n'est oubliée ; nous les redisons avec orgueil, toute la nation les célèbre avec reconnoissance ; elle les récompensera avec le plus généreux et le plus juste enthousiasme. Vos vertues sont devenues le patrimoine commun.

Vous ne supporteriez pas le soupçon d'infidélité à la Nation ; nous repoussons, avec une égale horreur, celui d'indifférence pour l'affermissement de la république, et d'ingratitude envers ses défenseurs.

Généraux des armées républicaines, fameux par vos exploits, justement célèbres par vos talens, vous qui avez ouvert la carrière, vous qui l'avez entièrement fournie, en versant tout votre sang au champ de l'honneur ; vous enfin que le génie tutélaire a préservés, et a destinés à fermer cette carrière de gloire, vous

avez tous attaché vos noms à de grands, à d'im-
mortels souvenirs.

L'histoire, après toutes ces batailles mémo-
rables, qui n'étoient que vos premiers essais,
l'histoire retracera l'invasion presque fabu-
leuse de la Hollande, le Danube étonné de
porter nos bataillons, l'audace même impru-
dente de nos Argonautes d'Irlande, et la con-
quête de l'Italie, vaste et brillante scène, où
le héros signalant son génie dès les premiers
pas, et croissant dans sa marche, a montré le
grand homme tout entier dens les murs de Man-
toue, et à l'aspect du capitole.

Vous êtes comptables de la gloire de nos armes, vous qui l'avez portée à son dernier pé-
riode; vous êtes nos représentans aux yeux de
la postérité; vous appartenez à l'histoire; elle
vous suit : vous respecterez donc, comme nous
les respectons nous-mêmes, vos caractères déjà
consacrés; vous confondrez la calomnie; vous
ne sacrifierez pas, pour faire des tyrans, les
couronnes civiques que vous a décernées et que
vous prépare encore la patrie reconnoissante.

Vos compagnons d'armes suivront votre
exemple; et dans nos foyers comme dans vos
camps, nous confondrons les perfides ennemis
de la république ; nos sermens ne seront point

vains, la constitution ne sera point violée.
Faites triompher au dehors la liberté ; les élus
du peuple la défendront, la feront aimer au
dedans , et c'est avec un courage tout sem-
blable au vôtre qu'ils en conserveront le
dépôt.